Die Deutschprofis A2

Testheft

von Ágnes Einhorn

auf der Basis von
„Das neue Deutschmobil 2“ von
Jutta Douvitsas-Gamst und
Sigrid Xanthos-Kretzschmer

AF809719

Alles Digitale zu diesem Buch kann auf der Lernplattform **allango** von Ernst Klett Sprachen abgerufen werden. So geht's:

QR-Code scannen oder **www.allango.net** aufrufen | Buchtitel oder ISBN in der Suche eingeben und auf das Buchcover klicken | Zum Inhalt navigieren, direkt abrufen oder speichern

Ernst Klett Sprachen
Stuttgart

Informationen und zu diesem Titel passende Produkte finden Sie auf
www.klett-sprachen.de/die-deutschprofis

Autorin Ágnes Einhorn
Projektleitung Enikő Rabl
Redaktion Katharina Theml, Büro Z, Wiesbaden
Layoutkonzeption Claudia Stumpfe
Satz Regina Krawatzki, Stuttgart
Illustrationen Zoltán Jécsai, Budapest; Vera Brüggemann, Bielefeld (S. 17, 22, 47/4, 48/4, 5, 6, 9, 15)
Umschlaggestaltung Sabine Kaufmann
Reproduktionen Meyle + Müller, Medien-Management, Pforzheim

1. Auflage 1 7 6 5 | 2026 25 24

Druck und Bindung Elanders Waiblingen GmbH

ISBN: 978-3-12-676498-8

9 783126 764988

INHALT

Zur Konzeption

Ziel der Tests

Die Testaufgaben wurden aufgrund der wichtigsten Lernziele der Lektionen entwickelt. Sie sind nicht zu schwer, sodass die Schülerinnen und Schüler (im Folgenden S) beim Lösen der Aufgaben möglichst Erfolgserlebnisse haben und sehen, was sie schon alles können. Das ist ausschlaggebend für die weitere Motivation.

Inhalt des Testhefts

Das Testheft enthält

- je einen *Test zu den Lektionen* 1–12 im Einklang mit den Lernzielen der jeweiligen Lektion.
- nach den Lektionen 6 bzw. 12 – parallel zu den Fertigkeitentrainings im Kursbuch – jeweils einen *Fertigkeitentest* mit den Teilen Hören, Lesen, Sprechen und Schreiben.
- abschließend einen *Modelltest* zur Prüfung *Goethe-Zertifikat A2: Fit in Deutsch*, natürlich dem Alter der Kinder angepasst.

Die *Lösungen* zu allen Tests sind im Lehrerhandbuch enthalten.

Das *Hörmaterial* zu den Fertigkeitentests sowie zum Prüfungsmodellsatz ist digital.

Struktur der Tests zu den Lektionen

Die Tests zu den Lektionen folgen alle dem gleichen Aufbau und bestehen aus jeweils vier Aufgaben:

1. Aufgabe zu Wortschatz bzw. Strukturen: Die S ergänzen Sätze oder Texte.
2. Leseaufgabe: Die S lesen kurze Texte und sollen Äußerungen verstehen.
3. Aufgabe zur Kommunikation und zu festen Wendungen: Wortschatz sowie Strukturen werden in kurzen Dialogen angewendet. Die Aufgabe bereitet auf das Sprechen vor.
4. Schreiben: Die S ergänzen Texte nach Vorgaben oder formulieren kurze eigene Texte. Das Schreiben wird durch Impulsfragen unterstützt.

Im Einklang mit dem Lehrwerk ist die Grammatik stets kontextuell eingebettet und wird nicht explizit getestet. Sie wird nicht als Ziel, sondern als Mittel der Kommunikation betrachtet.

Für jede Aufgabe bekommen die S fünf Punkte (in der Regel einen pro richtiger Antwort). Auf der letzten Seite können sie ihre Ergebnisse in eine Übersicht eintragen und so ihre sprachliche Entwicklung nachvollziehen.

Hinweise zu den Fertigkeitentests

In den Fertigkeitentests ist Teil 1 zur Fertigkeit Sprechen als Paarprüfung angelegt. Kopieren Sie die Sprechkarten und lassen Sie die S je zwei Karten ziehen. So entwickeln sich vier Minidialoge. Auch Teil 2 können Sie kopieren, die S bekommen je ein Thema.

Auch hier bekommen die S durchgehend fünf Punkte für jede Aufgabe. Da die einzelnen Kompetenzbereiche alle gleich wichtig sind, gibt es für die Schreibaufgaben genauso viele Punkte wie für die geschlossenen Leseaufgaben. Beim Sprechen und Schreiben empfiehlt es sich, nicht nur grammatikalisch und orthografisch korrekte Sätze zu bewerten, sondern eine Bewertungsskala anzuwenden.

Bewertungsskala

Schreiben: Bei den Schreibaufgaben kann man kleinere Fehler noch akzeptieren, im Vordergrund steht die Verständlichkeit. D.h. die fünf Punkte setzen sich aus zwei Kriterien zusammen:

- Inhalt und kommunikativer Wert (2 Punkte)

2 Punkte:	der Text ist inhaltlich gut und die Aufgabe wurde gelöst
1 Punkt:	gewisse Informationen werden zwar vermittelt, aber der Text ist nur teilweise verständlich
0 Punkte:	der Text ist unverständlich

- sprachliche Richtigkeit (3 Punkte)

3 Punkte:	der Text ist auf dem erwarteten sprachlichen Niveau, es gibt nur vereinzelte, kleinere Fehler
2 Punkte:	der Text ist auf dem erwarteten Niveau, enthält aber Fehler
1–0 Punkte:	der Text entspricht dem Niveau nicht, er ist unverständlich

Sprechen: Das gleiche Prinzip gilt beim Sprechen, d.h. die Dialoge werden nicht einzeln, sondern nach einer Gesamtskala bewertet.

- Teil 1 (2 Punkte)

2 Punkte:	die Fragen / Antworten sind inhaltlich und kommunikativ gut, sie sind auf dem erwarteten sprachlichen Niveau, es gibt nur vereinzelte, kleinere Fehler
1 Punkt:	die Fragen / Antworten sind nur teilweise gut, die Kommunikation ist teilweise gestört
0 Punkte:	die Fragen / Antworten sind unverständlich, es kommt keine Kommunikation zustande

- Teil 2 (3 Punkte)

3 Punkte:	der Text ist inhaltlich gut (der S spricht über alle Punkte verständlich), der Text ist auf dem erwarteten sprachlichen Niveau, es gibt nur vereinzelte, kleinere Fehler
2 Punkte:	der Text ist inhaltlich nur teilweise gut (der S spricht nur über 2–3 Punkte verständlich) und / oder der Text ist auf dem erwarteten Niveau, enthält aber Fehler
1 Punkt:	der Text ist inhaltlich noch akzeptabel (der S spricht über das Thema), er entspricht aber dem Niveau nicht
0 Punkt:	der Text ist inhaltlich nicht gut und / oder er entspricht dem Niveau nicht, er ist unverständlich

Hinweise zum Modelltest

Mit Hilfe des Modelltests können Sie mit den S die Prüfungssituation simulieren. Die Hörtexte enthalten die entsprechenden Pausen zum Lesen und Lösen der Aufgaben. Teil 1 und Teil 4 sind – wie in der Prüfung – zweimal hintereinander zu hören. Für den Prüfungsteil Sprechen kopieren Sie die Seiten im Testheft und schneiden Sie die Karten aus. Die S ziehen je vier Karten und stellen einander Fragen.

Die in den Teilen Lesen, Hören und Schreiben erzielten Punkte werden mit 1,25 multipliziert. Im Teil Sprechen werden 5 Punkte für die Aussprache vergeben. Zur Ermittlung der Gesamtpunktzahl werden die in den einzelnen Teilen erzielten Punkte addiert. Das Gesamtergebnis wird auf volle Punkte aufgerundet.

Nähere Hinweise zur Bewertung und zur Durchführung der Prüfung finden Sie unter https://www.goethe.de/de/spr/kup/prf/prf/gzfit2/uf2.html

TEST ZU LEKTION 1

1 Ergänze. ______ / 5 Punkte

0. Ich _habe_ den Schlüsselanhänger in Wien _gekauft_. (kaufen)
1. Wir __________ in der Schule Kuchen ______________. (backen)
2. Meine Freunde __________ im See ______________. (schwimmen)
3. Tanja __________ viele Muscheln ______________. (sammeln)
4. Wir __________ in der Schule einen Tanz ______________. (lernen)
5. Meine Schwester und ich __________ am Wochenende zu Hause ______________. (bleiben)

2 Was passt? Wähl aus. ______ / 5 Punkte

Schifffahrt • Brot • Fische • Muscheln • See
Lagerfeuer • Museum • Pilze • ~~Wanderung~~ •
Stadtrundfahrt • Eis

lizzy: Hallo, du warst ja am ganzen Wochenende nicht da! Was hast du denn gemacht?

Paul2010: Am Wochenende sind wir zu meinen Großeltern gefahren, sie wohnen in den Bergen. Am Samstag habe ich mit Oma eine große (0) _Wanderung_ gemacht. Sie wohnen an einem schönen Wald, da haben wir sogar (1) ______________ gesammelt. Am Nachmitttag waren wir zu Hause, ich habe mit Opa (2) ______________ gebacken. Das war wirklich toll. Am Sonntag sind wir zusammen zum (3) ______________ gefahren, ich bin viel geschwommen. Wir haben auch (4) ______________ gefangen. Am Abend haben wir ein (5) ______________ gemacht. Das Wochenende war echt klasse.

3 Was passt? ______ / 5 Punkte

Was habt ihr gekauft? • Was hast du am Wochenende gemacht? • ~~Was hat das Buch gekostet?~~ • Wo habt ihr gegessen? • Wo hast du das Souvenir gekauft? • Woher ist die Tasse?

0. • Was hat das Buch gekostet? ○ 10 Euro.
1. • ______________________ ○ In Paris.
2. • ______________________ ○ Eine Mütze.
3. • ______________________ ○ Aus London.
4. • ______________________ ○ Wir sind zum See gefahren.
5. • ______________________ ○ Im Restaurant.

4 Schreib einen Text. Schreib 5 Sätze. ______ / 5 Punkte

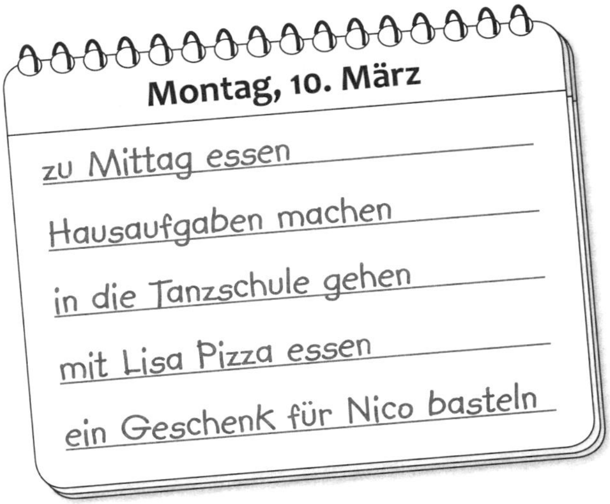

Miriam ist am Montag früh nach Hause gegangen. Sie hat noch in der Schule ______

______

Zu Hause hat sie zuerst ______

______

Dann ______

______

Nach der Tanzschule ______

______

Am Abend ______

______

Das war ein schöner Nachmittag.

Meine Punkte: ______

20 – 17

16 – 14

13 – 10

TEST ZU LEKTION 2

1 Bau Sätze im Perfekt. ______ / 5 Punkte

0. Sarah • ihre Freundin • einladen Sarah hat ihre Freundin eingeladen.
1. das Buch • mir • gefallen ______
2. anrufen • er • seinen Vater ______
3. oft • streiten • wir ______
4. Karl • umziehen • im Sommer ______
5. der Film • um 4 Uhr • anfangen ______

2 Richtig oder falsch? ______ / 5 Punkte

Mein Freund

Hallo, ich bin Tom, ich gehe in die Klasse 7a. Niklas und ich sind schon lange befreundet, wir gehen in die gleiche Klasse. Wir gehen immer zusammen in die Schule, weil Niklas im gleichen Haus wie ich wohnt. Wir können über alles reden, weil wir die gleichen Interessen haben. Wir fahren oft zusammen Skateboard und Niklas geht dreimal in der Woche zum Handball-Training, da mache ich aber nicht mit.

Niklas ist groß und er hat braune Haare. Meine Haare sind auch braun, aber sie sind kürzer. Er ist sehr witzig und er hilft mir oft bei Mathe, wir lernen vor den Mathetests gern zusammen. Dafür ist er nicht so gut in Englisch. Oft sehen wir zusammen amerikanische Filme, dann helfe ich ihm. Ich denke, wir sind unzertrennlich.

	Niklas	Tom	
0.	X	X	… geht in die Klasse 7a.
1.			… mag Skateboard.
2.			… spielt Handball.
3.			… hat braune Haare.
4.			… hat Probleme in Mathe.
5.			… mag Filme.

3 Was passt?

_____ / 5 Punkte

Nein, fast nie. • Schon fünf Jahre. • Sie hat lange Haare. • ~~Sofie~~. • Weil wir über alles reden können. • Wir spielen oft Computerspiele.

0. • Wie heißt deine Freundin? ○ Sofie.
1. • Warum ist sie deine Freundin? ○ ____________________
2. • Wie lange kennt ihr euch? ○ ____________________
3. • Was macht ihr zusammen? ○ ____________________
4. • Streitet ihr oft? ○ ____________________
5. • Wie sieht sie aus? ○ ____________________

4 Mein Freund / Meine Freundin: Schreib 5 Sätze.

_____ / 5 Punkte

Name? Alter? Warum seid ihr befreundet? streiten? Aussehen? Hobbys?

____

____

____

____

____

____

____

____

____

Meine Punkte: _____

- 20 – 17
- 16 – 14
- 13 – 10

TEST ZU LEKTION 3

1 Was passt? Ergänze. _____ / 5 Punkte

0. Der Elefant ist schwerer______ als die Katze. (schwer • schwerer • am schwersten)
1. Das Auto ist ______________ als das Fahrrad. (schnell • schneller • am schnellsten)
2. Lara ist genauso ______________ wie Tina. (alt • älter • am ältesten)
3. Michael ist groß und sportlich, er springt in der Klasse ______________. (hoch • höher • am höchsten)
4. Die Giraffe ist ______________ als der Löwe. (groß • größer • am größten)
5. Ich male genauso ______________ wie Ben. (gut • besser • am besten)

2 Richtig oder falsch? _____ / 5 Punkte

Das kann ich am besten

Viele in der Klasse machen Sport und Musik. Ich bin nicht sehr sportlich und Musik ist auch nichts für mich. Aber ich denke, ich kann in der Klasse am besten Kuchen backen. Meine Großmutter ist eine gute Köchin und sie backt auch sehr gern. Am Anfang habe ich also mit Oma Kuchen gebacken. Im Sommer war ich oft bei ihr und ich habe in der Küche immer mitgeholfen. Wir haben zuerst nur einfache Kekse gemacht, später auch Torten. Jetzt kann ich schon allein backen, ich habe auch viele Rezepte. Meiner Freundin Sofie habe ich zum Geburtstag eine Sachertorte gemacht. Sie hat wirklich gut geschmeckt und Sofie hat sich riesig gefreut. Am Wochenende backe ich oft Schokokekse oder Käsekuchen. Meine Geschwister und meine Eltern finden mein Hobby super ☺. Zum Geburtstag habe ich einen Tortenkurs bekommen!

	richtig	falsch
0. Sie mag Sport sehr.		X
1. Sie macht nicht gern Musik.		
2. Sie backt nur im Sommer Kuchen.		
3. Die erste Sachertorte hat sie mit Sofie zusammen gebacken.		
4. Am Wochenende backt sie oft Kuchen.		
5. Die Familie mag ihr Hobby nicht.		

3 Was passt?

______ / 5 Punkte

anders • genau • ~~Quatsch~~ • recht • stimmt • Unsinn

0. ● Jungen sind besser in Mathe. ○ Nein! So ein Quatsch.
1. ● Tom läuft am schnellsten in der Klasse. ○ Ja, das ______________.
2. ● Die neue Sportlehrerin ist sehr nett. ○ Das sehe ich ______________.
3. ● Der Film ist wirklich langweilig. ○ Ja, da hast du ______________.
4. ● Oliver schwimmt besser als du! ○ Das ist ______________.
5. ● Am liebsten bleiben wir zu Hause! ○ Ja, ______________.

4 Winter oder Sommer? Schreib 5 Sätze.

______ / 5 Punkte

kälter / wärmer?

Geburtstag?

ich kann ... / ich muss ...

im See schwimmen / Ski laufen?

Schule / Ferien?

Weihnachten?

Ich mag den ______________ mehr als den ______________.

Im ______________________________

____

____

____

____

____

____

Meine Punkte: ______

20 – 17

16 – 14

13 – 10

TEST ZU LEKTION 4

1 **Ordne zu.** ______ / 5 Punkte

der Arm • der Finger • der Hals •
die Hand • ~~der Kopf~~ • die Schulter

2 **Was passt? Wähl aus.** ______ / 5 Punkte

Arzt • Bein • durfte • gebrochen • gemacht • hingefallen •
Krankenhaus • Schmerzen • Tabletten • ~~Unfall~~

Der Unfall

Voriges Jahr hatte ich einen (0) Unfall ______________. Das ist im April passiert. Wir sind mit Kim und Florian geskatet. Am Stadtpark bin ich aber (1) ______________ und ich habe meinen linken Arm verletzt. Ich hatte starke (2) ______________. Flo hat mich nach Hause begleitet. Dann ist meine Mutter nach Hause gekommen, sie hat mich gleich ins (3) ______________ gebracht. Ich hatte den Arm (4) ______________. Ich habe 6 Wochen keinen Sport (5) ______________. Es war langweilig.

3 Ergänze: dürfen oder müssen? ______ / 5 Punkte

0. • Sein linker Fuß tut weh. ○ Er darf keinen Sport machen.
1. • Ich habe Fieber. ○ Du ______ viel trinken.
2. • Ich habe mich beim Skaten verletzt. ○ Dann ______ du jetzt nicht klettern.
3. • Er hat starke Schmerzen in der Brust. ○ Er ______ zum Arzt gehen.
4. • Ich habe jeden Tag Kopfschmerzen. ○ Du ______ mehr schlafen.
5. • Ich huste und schwitze. ○ Du ______ nicht in die Schule gehen.

4 Ergänze die Sätze. ______ / 5 Punkte

Ich habe gute Laune, wenn ______________________________

____

Ich bin traurig, wenn ______________________________

____

Ich bin wütend, wenn ______________________________

____

Ich habe keine Energie, wenn ______________________________

____

Ich habe Angst, wenn ______________________________

____

Meine Punkte: ______

20 – 17

16 – 14

13 – 10

TEST ZU LEKTION 5

1 Bau Sätze. ______ / 5 Punkte

0. Fußball spielt • sie • gern
   Anna sagt, dass sie gern Fußball spielt.
1. arbeiten musste • schon mit 10 • seine Oma
   Florian hat nicht gewusst, dass ______________________
2. zusammen in die Schule • gehen • wir
   Meine Schwester ist immer froh, wenn ______________________
3. ich • machen musste • meine Hausaufgaben
   Ich konnte nicht ins Kino gehen, weil ______________________
4. er • kaufen möchte • einen MP3-Player
   Felix erzählt, dass ______________________
5. keinen Computer • ihre Tante • hat
   Annika ist überrascht, dass ______________________

2 Was passt? Wähl aus. ______ / 5 Punkte

Auto • ~~Dorf~~ • fragen • Freunde • gegangen • gelernt • konnte • durften • Lehrerinnen • lernen • mit dem Auto • musste • zur Schule fahren • schön • antworten • streng • zu Fuß

Was Oma und Opa erzählen

Tina: Meine Oma hat in einem kleinen 0) Dorf gelebt. Sie hatten kein (1) __________, sie musste immer (2) __________ zur Schule gehen. Die Schulzeit war aber wirklich (3) __________, sie wollte nie zu Hause bleiben.

Laura: Meine Oma hat gesagt, dass sie nicht gerne in die Schule (4) __________ ist. Die Lehrerinnen waren sehr (5) __________, die Kinder durften nichts (6) __________. Sie hatten viele Hausaufgaben, meine Oma (7) __________ viel lernen.

Olga: Meine Oma hat erzählt, dass sie als Kind mit dem Bus (8) __________ musste. Sie hatte viele (9) __________, sie haben aber leider nicht im gleichen Dorf gewohnt. Sie und ihre Freunde (10) __________ nur sonntags spielen.

3 Ergänze: dürfen oder müssen? ______ / 5 Punkte

er durfte nicht reinkommen • ich konnte nicht • ich musste heute sehr früh aufstehen • aber ich konnte sie nicht lösen • ~~wir durften nicht so viel spielen~~ • wir mussten viel in der Gruppe arbeiten

0. ● Oma, wie war dein Leben als Kind? ○ Das Leben war nicht leicht, wir durften nicht so viel spielen.
1. ● Warum bist du gestern doch nicht gekommen? ○ Entschuldige, ______________________, ich hatte Fieber.
2. ● Wie geht's? ○ Danke, nicht so gut, ich bin müde, ______________________.
3. ● Wie war die Projektwoche? ○ Interessant, ______________________.
4. ● Wo ist dein Hund? ○ Er steht vor der Tür, ______________________.
5. ● Hast du die Aufgabe gemacht? ○ Ich habe sie angefangen, ______________________.

4 Wie war dein Tag gestern? Schreib 5 Sätze. ______ / 5 Punkte

Ich musste …

Ich wollte …

Ich konnte …

Ich durfte …

Ich konnte nicht …

____

____

____

____

____

____

Meine Punkte: ______

☺ 20–17

☺ 16–14

😐 13–10

TEST ZU LEKTION 6

1 Was passt nicht? ______ / 5 Punkte

0. der Alligator • ~~das Becken~~ • der Hai • der Wal
1. die Gasse • der Platz • der Stadtplan • die Straße
2. die Kirche • der Park • das Rathaus • der Turm
3. die Burg • das Museum • der Prinz • das Schloss
4. anschauen • auspacken • besichtigen • besuchen
5. das Auto • der Bahnhof • der Bus • das Flugzeug

2 Was passt? Wähl aus. ______ / 5 Punkte

Dom • Festung • Geburtshaus • ~~Klassenfahrt~~ • Oper •
Souvenirladen • Stadtzentrum • Sportplatz • Technischen Museum

Hallo Tina,
es ist wirklich schade, dass du immer noch im Krankenhaus bist und nicht mitkommen konntest. Die (0) Klassenfahrt war super.
Wir haben den ersten Vormittag im (1) ____________ verbracht, es war toll. Es gibt dort viele interaktive Spiele. In einem Raum gibt es alte Geräte und Maschinen: alte Fernseher, Kühlschränke zum Beispiel, das war echt witzig. Wir haben auch mit der großen Modelleisenbahn gespielt.
Am ersten Tag waren wir auch im (2) ____________. Da gibt es viele Geschäfte und auch das Rathaus. Davor ist ein Brunnen. Im Stadtcafé haben wir Kuchen gegessen. Der war echt lecker.
Im (3) ____________ haben wir auch viel Zeit verbracht. Wir haben Schlüsselanhänger, Stofftiere, Tassen und Taschen angeschaut. Und wir haben etwas für dich gekauft! ☺
Den (4) ____________ haben wir auch besucht. Das war zuerst langweilig. Dann ist aber jemand gekommen und hat Musik gemacht. Die Orgel klingt toll!
Wir haben in einem Hostel gewohnt, da hatten wir einen großen (5) ____________.
Einige haben Fußball gespielt, andere Tischtennis. Am dritten Tag haben wir eine Rallye mitgemacht, in Gruppen haben wir viele Sportarten ausprobiert. Sofie, Niklas und Karl waren die Ersten.
Hoffentlich bist du bald gesund!
Ciao, Lisa

3 Was passt?

______ / 5 Punkte

Gefällt dir die Stadt? • Wann ist das Museum geöffnet? • Was möchtest du besichtigen? • ~~Welche Sehenswürdigkeiten gibt es hier?~~ • Wie komme ich zum Rathaus? • Wo ist der Dom?

0. • Welche Sehenswürdigkeiten gibt es hier? ○ Nicht viele, wir haben nur ein Rathaus und einen Brunnen.
1. • ______________________ ○ Ja, es ist viel los.
2. • ______________________ ○ Im Stadtzentrum.
3. • ______________________ ○ Geh hier nach links.
4. • ______________________ ○ Von 10 bis 20 Uhr.
5. • ______________________ ○ Vielleicht das Puppenmuseum.

4 Auf der Straße: Schreib 5 Sätze.

______ / 5 Punkte

wie • wo • was • wie viel • wer • wann • warum

Entschuldigung! Ich möchte wissen, ______________________

______________________.

Ich möchte fragen, ______________________

______________________.

Kannst du mir sagen, ______________________

______________________?

Weißt du, ______________________

______________________?

Wir möchten wissen, ______________________

______________________.

Meine Punkte: ______

20 – 17

16 – 14

13 – 10

FERTIGKEITENTEST 1–6

1 Hören ______ / 5 Punkte

1 **Fünf Kinder erzählen. Kreuz an: a, b oder c? Du hörst jeden Text zweimal.**

1. Florian
   - a hat in Berlin schnell viele Freunde gefunden.
   - b hat in der Projektwoche neue Freunde gefunden.
   - c mag Berlin nicht.

2. In Philipps Familie
   - a spricht Julian besser Englisch als Jana.
   - b gibt es vier Kinder.
   - c gehen alle Kinder in die Schule.

3. Tanja
   - a hat beim Ausflug den Arm verletzt.
   - b musste im Hotel bleiben.
   - c war nach der Klassenfahrt krank.

4. Lisa
   - a hat mit den Großeltern eine Fahrradtour gemacht.
   - b konnte nicht lange fahren, weil ihr Opa müde war.
   - c war nach der Fahrradtour sehr müde.

5. Lukas hat am Projekttag
   - a mit seiner Gruppe gekocht.
   - b ein Poster gebastelt.
   - c in einem französischen Restaurant gegessen.

2 Lesen ______ / 5 Punkte

Lies die Texte. Kreuz an: richtig oder falsch?

Der erste Tag auf der Klassenfahrt

1. Unsere Klassenfahrt auf die Ronneburg
Am Montag sind wir um 8.30 Uhr mit dem Bus an der Schule losgefahren. Nach eineinhalb Stunden sind wir auf der Ronneburg angekommen. Vor dem Mittagessen durften wir im Burghof spielen. Das hat Spaß gemacht. Dann sind wir in den Speisesaal gegangen und wir haben zu Mittag gegessen. Es gab Spaghetti mit Tomatensauce. Danach haben wir unsere Betten gemacht und die Koffer ausgepackt. Am Nachmittag gab es eine Burgrallye. Wir haben lustige Fragen bekommen und mussten Aufgaben lösen. Dann konnten wir noch basteln oder spielen. Nach dem Abendessen haben wir eine Nachtwanderung gemacht. Danach sind wir ins Bett gegangen, es war schon sehr spät.
Moritz, Lukas, Ksenija

	richtig	falsch
0. Die Klasse ist mit dem Bus gefahren.	X	
1. Die Kinder sind erst am Nachmittag angekommen.		
2. Auf der Burg haben die Schüler Aufgaben bekommen.		
3. Am Nachmittag haben sie gebastelt.		
4. Nach dem Abendessen haben sie Musik gehört und getanzt.		

2. Unsere Klassenfahrt auf den Schultenhof

Wir waren auf einem Bauernhof. Am ersten Tag hat uns eine Frau über ihre Arbeit auf dem Hof erzählt. Und wir konnten junge Kälbchen und andere Tiere streicheln. Nach dem Mittagessen sind wir ins Schwimmbad gegangen. Die Schwimmer durften ins tiefere Wasser und die Nichtschwimmer mussten in dem anderen Becken bleiben. Dann sind wir zurück zum Bauernhof gegangen. Wir durften noch auf dem Hof spielen. Am Abend konnten wir noch in unserem Zimmer lesen und leise spielen. Dann mussten wir ins Bett. Bela, 4c

	richtig	falsch
5. Die Kinder konnten auf dem Bauernhof mit Tieren spielen.		
6. Nicht alle Kinder konnten schwimmen.		
7. Nach dem Abendessen haben sie noch lange auf dem Hof gespielt.		

3. Klassenfahrt nach Gersfeld

Am Anfang der 6. Klasse sind wir auf Klassenfahrt gefahren. Wir sind gegen 11 Uhr in Gersfeld angekommen. Frau Ludwig hat uns begrüßt und hat uns unsere Zimmer gezeigt. Wir haben die Koffer ausgepackt und dann sind wir zum Mittagessen gegangen. Nach dem Mittagessen haben wir unseren Zimmern Namen gegeben. Unser Zimmer hieß „Die 5 Freunde". Am Nachmittag haben wir einen Ausflug in die Stadt gemacht. Wir haben viel gesehen und auch Souvenirs gekauft. Die Klassenfahrt war so toll!

Linn, Jule, Vicky, 6a

	richtig	falsch
8. Die Kinder konnten am Nachmittag in ihr Zimmer gehen.		
9. Sie haben einen Ausflug gemacht.		
10. Die Klassenfahrt war langweilig.		

3 Schreiben

_____ / 5 Punkte

Schreib den Text weiter. Schreib 50 Wörter.

Unsere Klassenfahrt

Wir waren auf Klassenfahrt am Möhnesee. Am ersten Tag haben wir schon einen Ausflug gemacht. Zuerst sind wir mit dem Schiff über den Möhnesee gefahren. Dann haben wir den 6 Kilometer langen Rückweg zur Jugendherberge durch den Wald gemacht. Wir hatten viel Spaß.

im See schwimmen

Fußball spielen

ein Lagerfeuer machen

Stockbrot backen

spät schlafen gehen

eine Burg besuchen

zum Bahnhof gehen

nach Hause fahren

Am zweiten Tag ____

____

____

____

____

Am dritten Tag ____

____

____

____

____

4 Sprechen

_____ / 5 Punkte

Teil 1

_____ / 2 Punkte

Wähl zwei Karten. Stell mit diesen Karten zwei Fragen an deinen Mitschüler / deine Mitschülerin. Er / Sie antwortet. Dann stellt dein Mitschüler / deine Mitschülerin zwei Fragen und du antwortest.

Souvenir?

Wochenende?

Freunde?

Klassenfahrt?

Film?

Ski fahren?

Fische fangen?

Wandern?

Teil 2

_____ / 3 Punkte

Du bekommst ein Thema und erzählst etwas über dein Leben.

Was machst du am Wochenende?
Sport?
Mit wem?
Was noch?
Freunde treffen?

Was ist dein Hobby?
Seit wann?
Mit wem?
Wann?
Probleme?

Wie war deine Klassenfahrt?
Wann?
Wohin?
Was gesehen?
Programm?

Was bedeutet Sport für dich?
Wichtig?
Spaß?
Wie oft?
In den Ferien?
Gesundheit?

Meine Punkte: _____

20–17

16–14

13–10

TEST ZU LEKTION 7

1 **Was passt? Zwei Wörter sind zu viel.** ______ / 5 Punkte

0. Häng die Jacke in den Schrank!

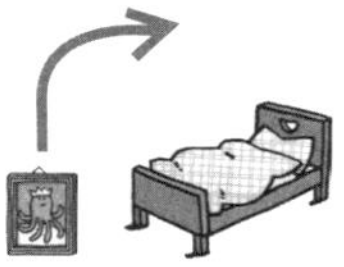

1. Das Bild kommt ______________ das Bett.

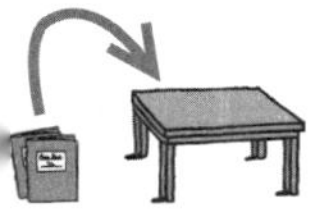

2. Maja legt die Hefte ______________ den Tisch.

3. Stell bitte das Fahrrad ______________ die Tür!

4. Die Tasche kommt ______________ den Tisch.

5. Er stellt die Kiste ______________ den Schrank und das Bett.

an
auf
~~in~~
unter
über
vor
hinter
zwischen

2 **Lies die Texte. Schreib zu jeder Frage eine kurze Antwort.** ______ / 5 Punkte

Julia: Früher haben wir im Stadtzentrum gewohnt. Wir waren oft bei meinen Großeltern auf dem Dorf, da war es viel schöner als in der Stadt. Dann sind wir umgezogen, weil meine Eltern auch ein eigenes Haus mit Garten wollten. Seit drei Jahren wohnen wir jetzt schon in unserem Dorf. Es ist viel ruhiger als in der Stadt und man muss nicht ständig auf die Autos achten. Man kann auf der Straße spielen. Wir haben einen großen Garten, ich habe einen Hund und zwei Kaninchen. Nur die Schule ist weit weg, ich muss jeden Tag mit meinem Vater mit dem Auto in die Stadt mitfahren. Meine Freundin wohnt auch in der Stadt und das ist manchmal blöd.

Katrin: Wir wohnen in einer Kleinstadt in einem Hochhaus. Die Schule ist nicht weit, ich fahre mit dem Fahrrad oder bei schlechtem Wetter mit dem Bus. Ich habe viele Freunde in der Schule, aber die Leute in unserem Haus kenne ich nicht gut. Leider haben wir keinen Garten, nur einen Balkon. Ich möchte eine Katze haben, aber das geht hier nicht. Einige aus der Klasse wohnen nicht direkt in der Stadt. Sie haben einen Garten, es ist auch ruhiger, sie müssen aber jeden Tag mit dem Bus oder mit dem Auto zur Schule fahren. Ich möchte trotzdem lieber in einem Dorf wohnen.

Michael: Ich wohne mitten in Berlin. Ich finde es schön, dass wir alles zu Fuß oder mit dem Fahrrad erreichen können. Am Wochenende machen wir oft Ausflüge. Es ist viel los hier. Ich habe viele Freunde, nicht nur in der Schule, sondern auch bei uns im Mehrfamilienhaus. Ich spiele sehr oft mit Tim und Florian. Unten im Keller können wir Tischtennis spielen und hinter dem Haus ist ein Park, dort spielen wir oft Fußball. Tim hat auch einen Hund, wir gehen jeden Tag mit ihm spazieren.

0. Wo wohnt Julia jetzt? in einem Dorf

1. Warum wohnt Julia gern dort? ______

2. Wie kommt Julia zur Schule? ______

3. Was möchte Katrin haben? ______

4. Lebt Michael gern in Berlin? ______

5. Was macht Michael mit seinen Freunden? ______

3 Was passt? ______ / 5 Punkte

Ich gehe mit meiner Schwester einkaufen. • Ich höre dabei Musik. • ~~In einem Hochhaus im Stadtzentrum.~~ • Ja, ich habe keine Wahl. • Mit Lisa. • Stell es ins Regal!

0. • Wo wohnst du? ○ In einem Hochhaus im Stadtzentrum.
1. • Musst du heute wirklich aufräumen? ○ ______
2. • Was machst du nach der Schule? ○ ______
3. • Mit wem spielst du gern? ○ ______
4. • Wohin kommt das Buch? ○ ______
5. • Wie räumst du auf? ○ ______

4 Was siehst du zu Hause oder in der Schule aus dem Fenster? Schreib einen Text. Schreib 5 Sätze. ______ / 5 Punkte

Park? Autos? schön? Schulhof? grün? Kirche? Garten?

Wenn ich aus dem Fenster gucke, sehe ich ______

______

______

______

______

______

Meine Punkte: ______

20–17

16–14

13–10

TEST ZU LEKTION 8

1 **Beende die Sätze.** ______ / 5 Punkte

0. Beim Tauchen muss man eine Brille tragen. (eine Brille • tragen • müssen • man)
1. Beim Spielen ______________________. (vorsichtig • sein • müssen • man)
2. Ich habe morgen keine Schule, deshalb ______________________. (lange • schlafen • können • ich)
3. Man ______________________. (hier • abbiegen • dürfen)
4. Wir essen gern Eis, deshalb ______________________. (wir • gehen • in die Eisdiele)
5. Das Essen ______________________. (hier • verboten • sein)

2 **Richtig oder falsch?** ______ / 5 Punkte

Lieblingsorte in der Stadt

Tom: Mein Lieblingsort ist der Stadtpark. Da kann man skaten oder Fahrrad fahren. Nach der Schule gehen wir oft mit meinen Freunden dahin. Wenn das Wetter gut ist, ist da wirklich viel los. Am See ist es dann richtig voll. An der Ecke gibt es auch eine kleine Eisdiele. Das ist meine Lieblingseisdiele, das Eis schmeckt super. Ich nehme immer Schoko. Manchmal gehen wir mit meinen Eltern auch in diesen Park. Dann nehmen wir auch unseren Hund mit.

Finn: Ich mag das Museum für Technik. Wir waren dort mehrmals mit der Schule. In einer Projektwoche hatten wir ein tolles Programm, ein Physiker hat uns viel über die Sterne erzählt. Man kann viele Geräte ausprobieren und in einem Raum kann man Filme sehen, zum Beispiel darüber, wie Tornados entstehen. Das Museum liegt nicht sehr zentral, man kann aber mit einem Bus dorthin fahren. Im Sommer kann man im Garten auch viel machen.

	richtig	falsch
0. Tom mag den Stadtpark.	X	
1. Er geht nur bei gutem Wetter in den Park.		
2. Tom mag die Eisdiele am Stadtpark.		
3. Mit Hunden darf man nicht in den Stadtpark gehen.		
4. Finn geht in der Projektwoche mit seiner Klasse bald ins Museum.		
5. Das Museum ist im Stadtzentrum.		

3 Was passt? ______ / 5 Punkte

~~Das macht 3 Euro.~~ • Es gehört Phil. • Dann nehme ich zwei Kugeln Erdbeere. • Ja, ich nehme Würstchen. • Kommt sofort. • Nein, tut mir leid.

0. • Ich möchte zahlen! ○ Das macht 3 Euro.
1. • Zitroneneis ist leider aus. ○ ______________________
2. • Wem gehört das Fahrrad? ○ ______________________
3. • Hast du die Frage gehört? ○ ______________________
4. • Hast du schon gewählt? ○ ______________________
5. • Ich hätte gern einen Eisbecher mit Schokolade und Vanille. ○ ______________________

4 Schreib einen Text. Schreib 5 Sätze. ______ / 5 Punkte

man darf (nicht) …
man kann …
auf dem Schulhof
im Unterricht
beim Essen
man muss …
im Klassenraum
in der Deutschstunde

Regeln in der Schule

In der Schule ______________________

____

____

____

____

____

____

Meine Punkte: ______

20 – 17
16 – 14
13 – 10

TEST ZU LEKTION 9

1 **Was passt? Wähl aus.** ______ / 5 Punkte

Bundesland • Einwohner • Fläche • Hauptstadt • ~~Land~~ • Millionen • See • Sprachen • Städte

Hallo,
wir machen ein Projekt und sammeln Informationen über unterschiedliche Länder. Kannst du uns diese Fragen beantworten?

0. Wo liegt dein Land?
1. Welche ______________ spricht man bei euch?
2. Wie heißt die ______________ und wo liegt sie?
3. Wie groß ist dein Land und wie viele ______________ leben dort?
4. Welche ______________ sind am größten?
5. Gibt es einen großen ______________? Wie heißt er?

Vielen Dank für deine Hilfe. Die Klasse 5b

2 **Was ist richtig? Kreuz an.** ______ / 5 Punkte

Die Geschichte der Rollschuhe

Rollende Schuhe hat zuerst der Belgier John Joseph Merlin getragen. 1760 machte er eine Show in einem Londoner Ballsaal. Er spielte auf der Geige und rollte dabei auf selbstgebauten Rollschuhen. An diesen Schuhen waren drei Rollen hintereinander, sie hatten aber keine Stopper. Damals konnte man mit den rollenden Schuhen nur langsam fahren. Die Rollen waren nämlich aus Holz oder Metall, und die Straßen waren nicht so gut wie heute.
Erst später konnte man stabil und etwas schneller fahren, weil man Rollschuhe mit vier Rollen baute – zwei Rollen waren vorn und zwei hinten. Diese Rollschuhe erfand James L. Plimpton 1863 in New York. Man baute sogar Rollschuhbahnen, und viele gingen am Abend oder am Wochenende dorthin.
Mit der Zeit wurden die Rollschuhe immer besser. 1956 gab es Rollschuhe mit Gummirollen, später mit Plastikrollen, und vorn hatten sie sogar einen Stopper.
Ab 1980 kamen die Inlineskates in die Geschäfte und viele Kunden wollten lieber diese Schuhe kaufen. Heute laufen fast nur noch Rollkunstläufer auf klassischen Rollschuhen.

0. Die Rollschuhe hat ein … erfunden.
   [x] a Belgier
   [ ] b Engländer

1. Diese Erfindung konnte man 1760 zum ersten Mal
   [ ] a kaufen.
   [ ] b sehen.

2. Die ersten Rollschuhe
   [ ] a hatten nur drei Rollen.
   [ ] b waren besser als heute.

3. 1863
   [ ] a durfte man nur auf Rollschuhbahnen fahren.
   [ ] b konnte man schon schneller fahren.

4. Gummirollen
   [ ] a gibt es seit 1956.
   [ ] b können besser stoppen.

5. Viele Leute
   [ ] a wollten keine Inlineskates kaufen.
   [ ] b wollten lieber Inlineskates haben.

3 Was passt? ______ / 5 Punkte

Wie lange spielst du schon Fußball? • Wann hat man das Auto erfunden? • ~~Seit wann wohnst du hier?~~ • Wann hast du Training? • Wie lange bleibst du noch? • Wann hat man das Museum eröffnet?

0. • Seit wann wohnst du hier? ○ Seit vier Jahren.
1. • ______ ○ Im 19. Jahrhundert.
2. • ______ ○ Am Dienstag und am Freitag.
3. • ______ ○ Drei Jahre schon.
4. • ______ ○ Vor zwei Jahren.
5. • ______ ○ Noch eine Stunde.

4 Wie ist dein Lieblingshund? Schreib 5 Sätze. ______ / 5 Punkte

Fell? geeignet als …? Eigenschaften? Farbe? Größe?

Mein Lieblingshund ______

______

______

______

______

______

______

Meine Punkte: ______

20–17

16–14

13–10

TEST ZU LEKTION 10

1 **Ergänze das Märchen.** ______ / 5 Punkte

Es war einmal eine Prinzessin, sie lebte (0) glücklich in einem	~~leben~~
schönen Königreich. Eines Tages ____________ (1) aber ihre Mutter.	sterben
Ihr Vater ____________ (2) bald eine andere Frau. Die Stiefmutter war	heiraten
neidisch und böse. Sie ____________ (3) jeden Tag ihren Spiegel:	fragen
„Spieglein, Spieglein an der Wand, wer ist die Schönste im ganzen	
Land?" Der Spiegel ____________ (4) immer, dass die Prinzessin am schönsten	antworten
ist. Die böse Stiefmutter wollte ihre Stieftochter töten. Der Jäger brachte die	
arme Prinzessin in den Wald, tötete sie aber nicht. Die Prinzessin ging durch	
den Wald und sie ____________ (5) zu einem kleinen Haus …	kommen

2 **Richtig oder falsch?** ______ / 5 Punkte

Ein lustiger Ausflug

Als ich klein war, war ich oft bei meinen Großeltern. An einem Wochenende wollten wir mit Opa eine Fahrradtour zum Badesee machen. Wir fuhren nach dem Frühstück los und freuten uns sehr. Wir fuhren aus der Stadt und dann weiter durch den Wald. Der Wald war sehr schön und dicht, ich fuhr ziemlich schnell. Auf dem Waldweg gab es kleine Steine und plötzlich bin ich hingefallen. Ich hatte Schmerzen, mein Knie blutete. Wir setzten uns mit Opa hin und warteten ein bisschen. Zum Glück wurde es besser.

Wir fuhren weiter und kamen zum See. Wir hatten schon großen Hunger und wollten unsere Brötchen essen. Opa machte den Rucksack auf, aber unser Essen war nicht da. Wir hatten es beide vergessen, die Brötchen lagen zu Hause auf dem Küchentisch. Da machten wir einen kleinen Umweg, an einem Kiosk konnten wir etwas essen und Opa hat auch einen Kaffee getrunken.

Danach fuhren wir weiter und suchten einen Strand, weil wir baden wollten. Als wir ankamen, wollten wir unsere Badehosen anziehen. Sie waren aber auch nicht im Rucksack, wir hatten sie auch zu Hause vergessen! Wir fuhren also wieder nach Hause. Es war trotzdem ein schöner Tag. Immer wenn wir davon erzählen, lachen wir viel.

	richtig	falsch
0. Lucas und sein Opa wollten am Badesee frühstücken.		X
1. Sie konnten nicht schnell fahren, weil Lucas Schmerzen hatte.		
2. Lucas hatte einen Unfall.		
3. Sie haben die Brötchen nicht in den Rucksack eingepackt.		
4. Sie haben nichts gegessen.		
5. Sie haben am Strand gebadet.		

3 Was passt?

_____ / 5 Punkte

Als ich 9 Jahre alt war. • Aschenputtel. • Der mutige Prinz. • ~~Schon drei Monate.~~ • Ein Zauberer und eine Prinzessin. • Immer wenn ich auf der Bühne stehe.

0. • Seit wann proben die Kinder das Stück? ○ Schon drei Monate.
1. • Was ist dein Lieblingsmärchen? ○ ____________________
2. • Wer heiratet die Königstochter? ○ ____________________
3. • Wer sind die Hauptfiguren? ○ ____________________
4. • Wann hast du lesen gelernt? ○ ____________________
5. • Wann bist du aufgeregt? ○ ____________________

4 Das Leben im Mittelalter: Schreib einen Text. Schreib 5 Sätze.

_____ / 5 Punkte

ein Kettenhemd und einen Brustpanzer tragen

den König beschützen

auf einer Burg leben

mit Kerzen Licht machen

Krieg führen

Im Mittelalter lebte man ____________________

____

____

____

____

____

Meine Punkte: _____

20–17

16–14

13–10

TEST ZU LEKTION 11

1 **Was passt? Wähl aus.** ______ / 5 Punkte

0. Das ist ein toller Film, er hat viele Preise bekommen. (toll • tollen • toller)
1. Heute gibt es eine ________________ Serie. (interessant • interessanten • interessante)
2. „Die Bremer Stadtmusikanten" ist ein ________________ Märchen, das viele kennen. (witzige • witzigen • witziges)
3. Der Film hat eine ________________ Filmmusik. (schöne • schönen • schönes)
4. Ich möchte einen ________________ Film sehen. (französischer • französische • französischen)
5. Leo hat einen ________________ Freund. (gute • guten • guter)

2 **Ergänze die Sätze.** ______ / 5 Punkte

Computersucht

Der Computer spielt in unserem Leben eine immer größere Rolle, und es gibt Leute, besonders Jugendliche, die süchtig nach Computerspielen oder nach dem Internet sind. Das nennt man Computer- und Internetsucht. Süchtig sind Menschen, die fast immer nur Computerspiele spielen; nicht weil sie es möchten, sondern weil sie es nicht beenden können. Dadurch werden für sie Familie, Freunde oder Schule unwichtig.
Besonders gefährlich sind Rollenspiele, bei denen man allein oder in Gruppen Aufgaben lösen soll. Weil man immer Aufgaben hat, will man jederzeit online sein. Natürlich ist nicht jeder, der gern ein Online-Rollenspiel spielt, automatisch süchtig. Gefährlich wird es nur, wenn man die normalen Aufgaben (z. B. aus der Schule) nicht macht, weil die Online-Aufgaben im Spiel wichtiger sind, oder wenn man keine Freunde mehr treffen möchte.
Die Symptome der Computerspielsucht sind ähnlich wie bei anderen Suchtkrankheiten: Die Kranken verlieren die Kontrolle und sie verbringen so viel Zeit am Computer, dass für sie die menschlichen Kontakte, die Familie, die normalen Aufgaben oder Hobbys nicht mehr wichtig sind. Diese Menschen werden nervös oder traurig, wenn sie nicht am Computer sein können. Oft wollen sie weniger spielen, aber sie können das Problem allein nicht mehr lösen. Sie brauchen Hilfe von Freunden und von der Familie.

0. Es gibt Leute, die süchtig nach dem Computer sind.
1. Süchtig sind Menschen, die das Spiel nicht ____________________.
2. Nicht alle sind süchtig, die gern ____________________.
3. Die Situation ist nur dann gefährlich, wenn für jemanden ____________ und ____________, nicht mehr wichtig sind.
4. Süchtige Menschen werden ____________, wenn sie nicht am Computer sein können.
5. Sie können ihr Problem allein nicht lösen, deshalb brauchen sie ____________.

3 Was passt? ______ / 5 Punkte

Ein Film, den ich schon lange sehen möchte. • Selten. • In einer Zeitschrift. • Stundenlang. • Weil ich viel Interessantes erfahre. • ~~Wenn ich Ferien habe~~.

0. • Wann siehst du deine Lieblingsserie? ○ Wenn ich Ferien habe.
1. • Was läuft im Fernsehen? ○ ____________________
2. • Warum magst du die Sendung? ○ ____________________
3. • Wie oft siehst du fern? ○ ____________________
4. • Wie lange hast du gestern gechattet? ○ ____________________
5. • Wo hast du über diesen Film gelesen? ○ ____________________

4 Der Bildschirm und ich: Schreib einen Text. Schreib 50 Wörter. ______ / 5 Punkte

ein Computerspiel ausprobieren • verbringen • meine Eltern • ausschalten • chatten • meine Freunde • surfen

____

____

____

____

____

____

Meine Punkte: ______

20–17

16–14

13–10

TEST ZU LEKTION 12

1 **Was passt?** ______ / 5 Punkte

mich • ~~dich~~ • sich • uns • sich • euch

0. Warum ärgerst du _dich_ ?
1. Ich langweile ________ oft zu Hause.
2. Könnt ihr uns sagen, wo wir ________ heute Abend treffen?
3. Mein Bruder ärgert ________ immer, wenn er im Spiel verliert.
4. Wie fühlt ihr ________ in der neuen Schule?
5. Ich habe meiner Freundin eine DVD geschenkt. Sie hat ________ sehr gefreut!

2 **Richtig oder falsch?** ______ / 5 Punkte

Meine erste Prüfung

Ich gehe in die sechste Klasse. Bei uns kann man nach der sechsten Klasse von der Grundschule auf ein Gymnasium weitergehen, man muss aber vorher eine Prüfung bestehen. Die Prüfung ist in Mathe und in der Muttersprache. Ich habe mich sehr gut vorbereitet, aber ich hatte trotzdem Angst. Meine Mathelehrerin hat mir viel geholfen. Für die Prüfung mussten wir ins Gymnasium gehen, meine Mutter ist mitgekommen. Das Gebäude war schön, es hat mir gut gefallen, aber ich war sehr aufgeregt.
Für die Prüfung hatten wir zwei Stunden Zeit. Zuerst bekamen wir vier Matheaufgaben, dann einige Fragen zu Büchern, die ich gelesen habe. Ich musste auch einen kurzen Text schreiben. Die Aufgaben waren nicht leicht, aber ich konnte alle lösen.
Die Schüler, die im schriftlichen Teil genug Punkte erreicht haben, durften zur mündlichen Prüfung kommen. Dafür mussten wir wieder in das Gymnasium gehen. Zuerst mussten wir in Gruppen ein paar Aufgaben lösen: gemeinsam einen Ausflug planen und darüber sprechen, einen Text lesen und dazu ein Plakat erstellen. Zwei Lehrerinnen waren dabei, sie haben uns aber nur zugesehen. Dann sind wir allein in eine Klasse gegangen. Da waren drei Lehrer. Ich musste kurz über mich sprechen, dann haben sie mich gefragt, warum ich in diese Schule gehen möchte und was ich über die Schule weiß. Ich musste noch kurz über mein Hobby sprechen. Da ich Modellflugzeuge baue, wollten sie darüber noch mehr wissen. Sie waren sehr nett und ich hatte gar nicht mehr so viel Angst. Ich hoffe, dass ich ab September dort lernen kann! *Mónika, 6c*

	richtig	falsch
0. Mónika hat vor der Grundschule eine Prüfung gemacht.		X
1. Die Prüfung ist in allen Fächern.		
2. Sie hat vor der Prüfung zwei Stunden gewartet.		
3. Im zweiten Teil mussten die Schüler die Aufgaben in der Gruppe lösen.		
4. In der mündlichen Prüfung musste Mónika mit zwei Lehrerinnen sprechen.		
5. Sie konnte auch über ihr Hobby sprechen.		

3 Was passt? ______ / 5 Punkte

Müsst ihr eine Uniform tragen? • ~~Wann willst du gehen?~~ • Was ist bei euch die beste Note? • Was läuft um drei? • Wo treffen wir uns? • Wollen wir heute ins Kino gehen?

0. • Wann willst du gehen? ○ So um drei.
1. • ______________________ ○ Ja, gute Idee.
2. • ______________________ ○ Vor der Eisdiele.
3. • ______________________ ○ Da kommt „Plötzlich Prinzessin".
4. • ______________________ ○ Fünf.
5. • ______________________ ○ Nein, wir haben gar keine.

4 Schule in meinem Land: Schreib einen Text. Schreib 50 Wörter. ______ / 5 Punkte

samstags Zeugnis Schuluniform Noten Hausaufgaben Prüfung nachmittags sitzen bleiben

Bei uns gehen die Kinder ________ Jahre in die Grundschule. Wir

____

____

____

____

____

Meine Punkte: ______

20–17

16–14

13–10

FERTIGKEITENTEST 7–12

1 Hören

______ / 5 Punkte

2 **Du hörst fünf kurze Texte.**
Wähle für die Aufgaben 1 bis 5 die richtige Lösung [a], [b] oder [c].
Du hörst jeden Text zweimal.

1. Timo
   - [a] findet Französisch schöner als Englisch.
   - [b] mag Geschichte.
   - [c] mag Mathematik.

2. Julia
   - [a] hat am Samstag Zeit.
   - [b] kann nicht einkaufen gehen.
   - [c] möchte nicht ins Kino gehen.

3. Mark
   - [a] hat am Wochenende mit Tom und Karl einen Ausflug gemacht.
   - [b] hat eine Nachtwanderung gemacht.
   - [c] wollte beim Ausflug einen kürzeren Weg finden.

4. Kira
   - [a] findet Schulkonzerte blöd.
   - [b] mag keine Schuluniform.
   - [c] muss bei Schulfesten eine Uniform tragen.

5. Die Ritter
   - [a] haben das Kettenhemd zu Festen getragen.
   - [b] haben die Rüstung in den Kriegen getragen.
   - [c] haben ihren Kopf mit eisernen Handschuhen beschützt.

2 Lesen

______ / 5 Punkte

Du liest eine E-Mail.
Wähle für die Aufgaben 1 bis 5 die richtige Lösung [a], [b] oder [c].

Hallo Nina,
wie geht es dir? Wie fühlst du dich in der neuen Schule? Hast du schon Freunde gefunden? Es ist schade, dass du nicht hier bist.
In der Schule gibt es einige Neuigkeiten: Wir haben eine neue Englischlehrerin. Frau Thomas bekommt ein Baby, sie ist jetzt also weg. Zuerst war ich traurig, du weißt, dass ich sie gern hatte. Aber die neue Lehrerin ist auch sehr gut, wir hören oft Musik in der Stunde und müssen die englischen Liedtexte verstehen.
Wir haben ein neues Mädchen in der Klasse. Sie mag Pferde, sie reitet gern und sie hat eine Katze. Einmal war sie schon bei uns zu Hause. Mit Mona habe ich immer noch viel Ärger, du kennst sie ja.
Stell dir vor, mein großer Bruder Stephan hat eine Musikgruppe gegründet. Sie geben sogar bald ein Konzert in der Schule. Stephan spielt Trommel und er singt auch. Sie proben bei uns im Keller, die Musik ist echt gut.
Und ich habe angefangen, Gitarre zu spielen. Ich gehe zweimal in der Woche zum Unterricht. Vielleicht kann ich dann später in der Gruppe von Stephan spielen! Jetzt muss ich noch viel üben. Wenn ich richtig spielen kann, dann mache ich dir eine Aufnahme und schicke sie dir.
Ich hoffe, dass du irgendwann zu Besuch kommst. Kannst du uns vielleicht in den Osterferien besuchen? Du kannst dann bei uns wohnen.
Schreib bald!
Emma

1. Die neue Englischlehrerin
   - [a] gefällt Emma sehr gut.
   - [b] ist schlechter als die alte Lehrerin.
   - [c] macht Musik.

2. Die neue Mitschülerin
   - [a] hat ein Pferd.
   - [b] hat Emma einmal schon besucht.
   - [c] ist mit Mona befreundet.

3. Stephan
   - [a] hat eine Musikgruppe.
   - [b] möchte Trommel lernen.
   - [c] war in einem guten Konzert.

4. Emma
   - [a] lernt Gitarre.
   - [b] spielt ihrer Freundin ein Lied vor.
   - [c] spielt in einer Musikgruppe Gitarre.

5. Nina
   - [a] kann nicht bei Emma schlafen.
   - [b] soll den Besuch mit ihrer Mutter besprechen.
   - [c] soll Emma besuchen.

3 Schreiben

______ / 5 Punkte

Du bist neu in der Klasse. Deine Mitschülerin Olga hat Geburtstag und sie hat dich eingeladen. Sie macht am Wochenende eine Party. Schreib Olga eine E-Mail:

- Bedanke dich für die Einladung und sag, dass du kommst.
- Frag sie, was für ein Geschenk sie möchte.
- Frag sie nach dem Weg.

Schreib 30 – 40 Wörter.
Schreib zu allen drei Punkten.

4 Sprechen ______ / 5 Punkte

Teil 1 ______ / 2 Punkte

Stell Fragen. Wähl zwei Karten und frag einen Mitschüler / eine Mitschülerin. Antworte auf seine / ihre Fragen.

Radio? | Stadt? | Ferien? | Fernsehen? | Schule? | Computer? | Museum? | Märchen?

Teil 2 ______ / 3 Punkte

Wähl ein Thema. Erzähl über dich.

Wo lebst du?
- Wohnort?
- Wie gefällt es dir?
- Was machst du?
- Mit wem?

Magst du Fernsehen?
- Mit wem?
- Wann?
- Was?
- Was nicht?

Was machst du am Computer?
- Spiele?
- Internet?
- Wie oft?
- Warum / Warum nicht?

Wie ist deine Schule?
- Freunde?
- Prüfungen?
- Noten?
- Schuluniform?

Meine Punkte: ______

- 20 – 17
- 16 – 14
- 13 – 10

MODELLTEST

GOETHE-ZERTIFIKAT A2: FIT IN DEUTSCH

LESEN 30 Minuten

_____ / 20 Punkte

Teil 1

_____ / 5 Punkte

Du liest in einer Zeitung diesen Text.
Wähle für die Aufgaben 1 bis 5 die richtige Lösung [a], [b] oder [c].

Aktivurlaub für Jugendliche

Du willst in den Sommerferien mal etwas ganz anderes machen? Nicht nur am Strand neben deinen Eltern liegen? Lieber Surfen, Segeln oder Klettern? Dann ist ein Aktivurlaub genau das Richtige für dich.

Ferien nur für dich

Es gibt viele Aktivreisen für Kinder und Jugendliche. Die Angebote sind meistens nach Altersgruppen aufgeteilt: Es gibt Programme für Kinder und Jugendliche zwischen 11 und 13, 13 und 17, aber auch für junge Erwachsene über 18 Jahre. Die Freizeitangebote sind häufig sportlich und bieten verschiedene Kombinationsmöglichkeiten: Oft wählt man eine Sportart für den Vormittag, nachmittags kann man dann andere Sportarten ausprobieren.
Viele Organisationen bieten auch eine Kombination von Aktivurlaub und Sprachferien an. Dann hat man täglich vier Stunden Sprachunterricht und vier Stunden Sport. Einige Anbieter haben neben Sport auch andere Aktivitäten im Programm, z. B. Theater-Workshops.

Wo und wann?

Aktivreisen kann man in ganz Europa machen. Die Reisen finden meistens in den Schulferien statt, also im Juli und August sowie in den Herbst-, Winter- und Frühjahrsferien. Sie dauern 1 bis 3 Wochen.
Melde dich rechtzeitig an, am besten einige Monate im Voraus. Vor allem, wenn du mit einem oder mehreren Freunden zusammen Urlaub machen willst.
Ihr wohnt in Ferienanlagen, Hotels, Zeltlagern oder auf Booten (z. B. für Segellager). Meistens ist man mit mehreren Personen (oft 4 Personen) zusammen in einem Zimmer. Natürlich sind auch die Preise verschieden.

Beispiel

0. Aktivurlaub ist für ...
   - [a] aktive Eltern.
   - [b] Familien mit Kindern.
   - [x] Jugendliche.

1. Die Ferienprogramme sind ...
   - [a] für Gruppen über 11 Kinder.
   - [b] für Jugendliche in unterschiedlichem Alter.
   - [c] nur für Kinder unter 18 Jahren.

2. Im Aktivurlaub ...
   - [a] kann man unterschiedliche Sportarten ausprobieren.
   - [b] macht man am Vormittag Sport und am Nachmittag hat man frei.
   - [c] geht man abends ins Theater.

3. Man kann verschiedene Aktivitäten kombinieren, zum Beispiel:
   - [a] zwei Fremdsprachen.
   - [b] Unterricht in unterschiedlichen Fächern.
   - [c] Sport und Fremdsprache.

4. Aktivurlaub gibt es ...
   - [a] nur im Sommer.
   - [b] auch in den Winterferien.
   - [c] 1 bis 3 Mal im Jahr.

5. Du musst dich früh anmelden, ...
   - [a] wenn du mit Freunden fahren möchtest.
   - [b] wenn du nicht mit anderen wohnen möchtest.
   - [c] wenn du auf einem Boot wohnen möchtest.

Teil 2 ______ / **5 Punkte**

Du bist auf einer Veranstaltung und liest das Programm.

Lies die Aufgaben 6 bis 10 und den Text.
Welcher Ort passt?

Wähle die richtige Lösung [a], [b] oder [c].

Beispiel

0. Du möchtest ein Konzert hören.
   - [x] a Aula
   - [ ] b Theatersaal
   - [ ] c anderer Ort

6. Du möchtest Volkstänze lernen.
   - [ ] a Aula
   - [ ] b Klasse 12 b
   - [ ] c anderer Ort

7. Du möchtest Weihnachtsgeschenke basteln.
   - [ ] a Aula
   - [ ] b Werkstatt im Keller
   - [ ] c anderer Ort

8. Du möchtest Weihnachtsgeschenke kaufen.
   - [ ] a Aula
   - [ ] b Werkstatt im Keller
   - [ ] c anderer Ort

9. Du möchtest Theater spielen.
   - [ ] a Aula
   - [ ] b Theatersaal
   - [ ] c anderer Ort

10. Du möchtest Kuchen backen.
    - [ ] a Küche
    - [ ] b Foyer
    - [ ] c anderer Ort

Festprogramm in der Eduard-Mörike-Schule am 5. Dezember

Aula
15.00–18.00 Basar: Wir verkaufen selbst gebastelte Puppen, Kerzen etc.
17.00–18.00 Capoeira (brasilianischer Kampftanz) – mit Florian und Kevin (7a)
18.00 Weihnachtskonzert des Schulchors

Theatersaal
18.30 Vorstellung unserer Theatergruppe: „Shakespeare mal anders"

Musiksaal
16.00–18.00 Instrumentenkarussell: Hier könnt ihr unterschiedliche Musikinstrumente ausprobieren.

Klassenraum 8a
15.00–17.00 Theaterwerkstatt: Jung und Alt sind willkommen zu Improvisation und kleinen dramatischen Spielen zum Mitmachen, unter der Leitung unserer Theaterpädagogin Frau Kohlmann

Klassenraum 12b
Tanzschule für alle
15.00–16.00 Uhr Irischer Tanz
17.00–18.00 Uhr Russischer Volkstanz

Werkstatt im Keller
15.00–17.00 Weihnachtsgeschenke aus Holz selber machen
17.00–18.00 Sterne aus Papier basteln

Küche
16.00 Weihnachtsbäckerei:
Wir backen Plätzchen, Früchtebrot und Kuchen.

Schulhof
19.00 Lagerfeuer: Wir backen Stockbrot.

Foyer
Kuchenverkauf: Wir verkaufen selbstgebackenen Kuchen.

Teil 3 ______ / 5 Punkte

Du liest eine E-Mail.

Wähle für die Aufgaben 11 bis 15 die richtige Lösung a, b oder c.

Hallo Moritz,
wie geht's dir? Bei mir ist alles okay. Die neue Schule ist in Ordnung, es ist nur schade, dass du nicht hier bist. Was gibt es Neues in der Klasse? Wie geht es den anderen?
Wir sind im Sommer umgezogen und du weißt, dass ich mich damals nicht gefreut habe. Ich war sehr traurig, als mein Papa gesagt hat, dass er den Bauernhof von Opa übernimmt. Ich wollte nicht auf einem Bauernhof wohnen. Ich habe gedacht, dass es sehr langweilig ist. Und ich hatte auch Angst vor der neuen Schule. Aber jetzt finde ich es toll, dass wir hier sind.
Wir haben 30 Kühe und viele Maschinen. Stell dir vor, ich kann sogar schon Traktor fahren! Du weißt, dass ich immer einen Bernhardiner wollte, und zum Geburtstag habe ich einen bekommen! Er heißt Tobias, er ist noch jung, aber er wiegt schon 40 kg. Wir gehen oft zusammen in den Wald. Er ist wirklich süß. Ich hoffe, dass du ihn bald kennenlernst.
Die neue Schule ist in einer Kleinstadt in der Nähe. Wenn das Wetter gut ist, kann ich mit dem Fahrrad fahren, wenn nicht, dann nimmt mich jemand mit dem Auto mit. Ich habe schon einige Freunde. Ich bin viel mit Tom zusammen. Seine Eltern haben eine Reitschule. Tom kann sehr gut reiten, er hat sogar ein eigenes Pferd, es heißt Felix. Ich habe noch einen Freund, er heißt Micha. Er spielt viele Instrumente. Vielleicht gründen wir eine Musikgruppe.
Kannst du mich in den Ferien besuchen? Wir haben hier ein großes Haus und in meinem Zimmer steht auch ein Gästebett. Wenn du hier bist, können wir mit Tom zusammen reiten gehen und du kannst auch Micha kennenlernen. Du kannst gern eine Woche bleiben. Meine Eltern haben nichts dagegen.
Also, schreib bald und komm in den Ferien zu uns!
Ciao
Karl

11. Warum wollte Karl nicht auf den Bauernhof umziehen?
   a Er hatte Angst vor den Tieren.
   b Er fand den Bauernhof langweilig.
   c Weil es dort keine Schule gibt.

12. Was hat Karl auf dem Bauernhof?
   a Er hat eine eigene Kuh.
   b Er hat einen kleinen Traktor.
   c Er hat einen Hund.

13. Was macht sein neuer Freund Tom gern?
   a Tom fährt Rad.
   b Tom mag Pferde, er kann gut reiten.
   c Tom macht Musik.

14. Wie geht Karl zur Schule?
   a Er fährt oft mit dem Fahrrad.
   b Er fährt mit Tom zusammen.
   c Er geht zu Fuß.

15. Wo kann Moritz wohnen?
   a Im Gästezimmer.
   b Im Zimmer von Karl.
   c Bei Tom.

Teil 4 ______ / **5 Punkte**

Sechs Jugendliche suchen Freizeitaktivitäten für die Ferien.

Lies die Aufgaben 16 bis 20 und die Anzeigen [a] bis [f].
Welche Anzeige passt zu welcher Person?
Für eine Aufgabe gibt es keine Lösung. Markiere so ☒.

Die Anzeige aus dem Beispiel kannst du nicht mehr wählen.

Beispiel

0. Julia ist Bloggerin, sie möchte aber noch besser schreiben. [b]

16. Inge fotografiert sehr gern. Sie sucht einen Kurs für erfahrene Fotografen. ☐

17. Mark interessiert sich für Geschichte, er geht gern ins Museum. Er hat aber nur in den Ferien Zeit. ☐

18. Tim fotografiert sehr gern und möchte lernen, wie man Bilder bearbeitet. Er hat am Wochenende keine Zeit. ☐

19. Peter interessiert sich sehr dafür, wie Leute in früheren Zeiten gelebt haben. Er hat nur am Wochenende Zeit. ☐

20. Olga möchte zeichnen lernen. Sie hat eine tolle Geschenkidee für Weihnachten: Alle bekommen ein Porträt, das sie selber gezeichnet hat. ☐

Freizeitangebote

a Zeichnest du gern? Ich bin Annika und ich studiere Kunst. Ich gebe Zeichenkurse für Jugendliche. Wir malen Landschafts-, Tier- oder Blumenbilder und besprechen, wie man mit den Materialien richtig umgeht. Wenn du Interesse hast, kannst du mir eine Mail schreiben: kunstmitfreude123@kunst.de

☒ b In unserem Ferienlager bieten wir kreative Schreibkurse an. Wenn du gern liest und schreiben lernen möchtest, dann bist du bei uns richtig. Wir sprechen über Texte und du kannst unterschiedliche Schreibformen kennenlernen. Ruf uns an: 040-632344.

c Wir organisieren Workshops in Museen zu allen Themen rund um unsere Geschichte: Wie haben die Ritter gelebt? Wie lebten die Menschen im Krieg? Was kann Geschichte uns alles erzählen? Alle Workshops in den Ferien.
Mehr auf unserer Webseite kreativeferien.com.

d Interessierst du dich für Kunst? Dann empfehlen wir dir unsere Workshops. Wir gehen zweimal im Monat ins Museum. Du erfährst viel über berühmte Bilder, über Malerei und über das Leben der großen Künstler. Und du kannst immer auch selbst etwas zeichnen. Schreib uns: museum@museum.de

e Wir bieten Fotokurse für Anfänger und für Fortgeschrittene.
Unsere Themen: Wie funktioniert eine Kamera? Welches Licht brauche ich? Wie kann ich meine Bilder am Computer bearbeiten?
Unsere Intensivkurse finden am Wochenende statt.

f Geschichte einmal anders: Theater-Workshop. Wir spielen dramatische Szenen aus der Geschichte nach. Kämpfe bei den Römern, Streit zwischen Königen …
Du findest uns jeden Samstag zwischen 16.00–20.00 im Kulturforum oder unter drama-in-der-geschichte.com.

HÖREN 30 Minuten ______ / 20 Punkte

3 **Teil 1** ______ / 5 Punkte

Du hörst fünf kurze Texte. Du hörst jeden Text zweimal.
Wähle für die Aufgaben 1 bis 5 die richtige Lösung [a], [b] oder [c].

1. Matteo …
   [a] hat in der neuen Schule sofort Freunde gefunden.
   [b] hat keinen Kontakt mehr zu den alten Freunden.
   [c] hat jetzt neue Freunde.

2. Sarah soll …
   [a] Kuchen kaufen.
   [b] mit Tanja Kuchen backen.
   [c] Tanja um drei Uhr anrufen.

3. Wie war die Klassenfahrt von Leo?
   [a] Der Zoo hat Leo gut gefallen.
   [b] Die Fahrradtour war leider nicht gut.
   [c] Die Museen haben ihm gut gefallen.

4. Florian ruft an, weil er …
   [a] Anna helfen möchte.
   [b] Hilfe bei Mathe braucht.
   [c] nicht zur Schule gehen kann.

5. Was ist heute in der Bibliothek?
   [a] Die Bibliothek ist heute den ganzen Tag geschlossen.
   [b] Die Theatergruppe hat heute in der Bibliothek eine Probe.
   [c] Heute kann man erst nach 14.00 Uhr in die Bibliothek gehen.

Teil 2

___ / 5 Punkte

Du hörst ein Gespräch. Du hörst den Text einmal.
Was haben Beas und Daniels Freunde am Wochenende gemacht?

Wähle für die Aufgaben 6 bis 10 ein passendes Bild aus [a] bis [i].
Wähle jeden Buchstaben nur einmal. Sieh dir jetzt die Bilder an.

	0.	6.	7.	8.	9.	10.
Person	Viola	Julia	Sarah	Tim	Max	Leonie
Lösung	a)					

[a]

[b]

[c]

[d]

[e]

[f]

[g]

[h]

[i]

5 **Teil 3** ______ / **5 Punkte**

Du hörst fünf kurze Gespräche. Du hörst jeden Text einmal.
Wähle für die Aufgaben 11 bis 15 die richtige Lösung a, b oder c.

11. Was nimmt das Mädchen?

a 

b 

c 

12. Wo muss der Junge nach links gehen?

a 

b 

c 

13. Wohin geht Luisa morgen?

a 

b 

c 

14. Wann geht Felix in den Park?

a 

b 

c 

15. Was hat Tina oft gemacht?

a 

b 

c 

6 **Teil 4** ______ / 5 Punkte

Du hörst ein Interview. Du hörst den Text zweimal.
Wähle für die Aufgaben 16 bis 20 [Ja] oder [Nein].
Lies jetzt die Aufgaben.

Beispiel

0. Leonie hat 7 Schwestern. [Ja] [~~Nein~~ X]

16. Leider ist ihre Wohnung nicht groß genug. [Ja] [Nein]

17. Am Morgen fahren sie alle zusammen in die Schule. [Ja] [Nein]

18. Leonie denkt, dass eine große Familie sehr gut ist. [Ja] [Nein]

19. Sie können ihre Probleme nie richtig besprechen. [Ja] [Nein]

20. Leonie möchte später nur ein Kind haben. [Ja] [Nein]

SCHREIBEN 30 Minuten

_____ / 20 Punkte

Teil 1 _____ / 10 Punkte

Du wolltest mit Tina in die Eisdiele gehen, aber du kommst etwas später.
Du schreibst eine SMS an Tina.

- Entschuldige dich, dass du zu spät kommst.
- Schreib, warum.
- Schreib, wann du dort sein kannst.

Schreib 20–30 Wörter.
Schreib zu allen drei Punkten.

Teil 2 _____ / 10 Punkte

Lukas ist neu in der Klasse und er braucht Hilfe beim Lernen.
Er bittet dich um Hilfe. Schreib Lukas eine E-Mail:

- Sag, dass du ihm gern hilfst und lade ihn zu dir ein.
- Beschreibe den Weg zu eurem Haus.
- Frag nach, welche Probleme er hat.

Schreib 30–40 Wörter.
Schreib zu allen drei Punkten.

SPRECHEN

_____ / 25 Punkte

Teil 1

_____ / 4 Punkte

Du bekommst vier Karten und stellst mit diesen Karten vier Fragen.
Dein Partner / Deine Partnerin antwortet.
Dann stellt dein Partner / deine Partnerin zwei Fragen und du antwortest.

Essen?
Wohnort?
Sport?
Lieblingsfach?
Familie?
am Nachmittag?
Freunde?
Zimmer?

Teil 2 ______ / **8 Punkte**

Du bekommst eine Karte und erzählst etwas über dein Leben.

Prüfungsteilnehmer/-in A

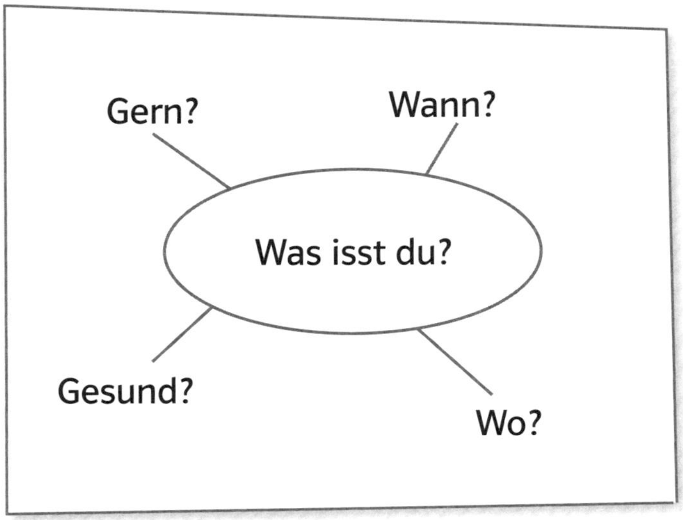

Prüfungsteilnehmer/-in B

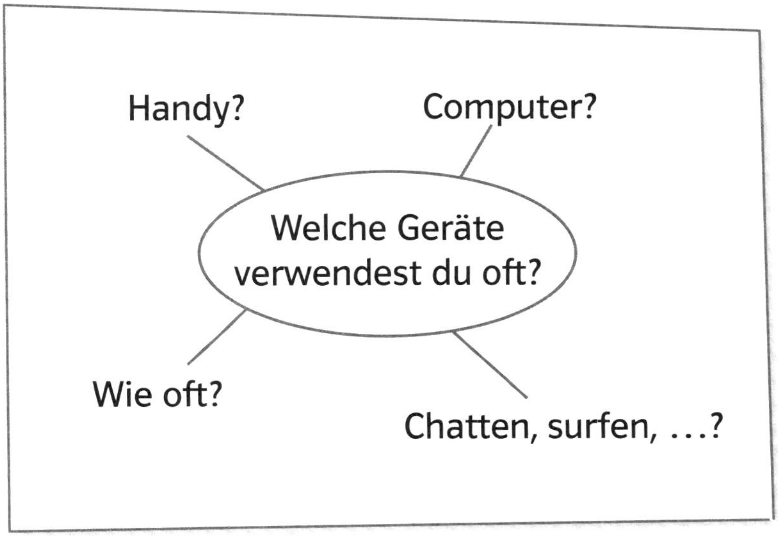

Teil 3 ______ / 8 Punkte

Ihr wollt zusammen Weihnachtsgeschenke basteln. Findet einen Termin.

Prüfungsteilnehmer/-in A

Montag	Dienstag	Mittwoch	Donnerstag	Freitag	Samstag	Sonntag
17.00 - 19.00 Tanzen	15.00 Zahnarzt			17.00 Party bei Sarah	Ausflug	

Teil 3 ______ / 8 Punkte

Ihr wollt zusammen Weihnachtsgeschenke basteln. Findet einen Termin.

Prüfungsteilnehmer/-in B

Montag	Dienstag	Mittwoch	Donnerstag	Freitag	Samstag	Sonntag
15.00 - 17.00 Training		Nachmittag mit Mama einkaufen!		Kino?		Opas Geburtstag

DEINE PUNKTE

	20 – 17	16 – 14	13 – 10
Test zu Lektion 1			
Test zu Lektion 2			
Test zu Lektion 3			
Test zu Lektion 4			
Test zu Lektion 5			
Test zu Lektion 6			
Fertigkeitentest 1 – 6			
Test zu Lektion 7			
Test zu Lektion 8			
Test zu Lektion 9			
Test zu Lektion 10			
Test zu Lektion 11			
Test zu Lektion 12			
Fertigkeitentest 7–12			

Modelltest: Goethe-Zertifikat A2: Fit in Deutsch

Prüfungsteil	Punkte	Gesamt	Deine Punkte
Lesen	Teil 1 = 5 Punkte Teil 2 = 5 Punkte Teil 3 = 5 Punkte Teil 4 = 5 Punkte	20 x 1,25 Punkte = 25 Punkte	
Hören	Teil 1 = 5 Punkte Teil 2 = 5 Punkte Teil 3 = 5 Punkte Teil 4 = 5 Punkte	20 x 1,25 Punkte = 25 Punkte	
Schreiben	Teil 1 = 10 Punkte Teil 2 = 10 Punkte	20 x 1,25 Punkte = 25 Punkte	
Sprechen	Teil 1 = 4 Punkte Teil 2 = 8 Punkte Teil 3 = 8 Punkte Aussprache = 5 Punkte	25 Punkte	
Gesamtpunktzahl		**100 Punkte**	

100 – 88 sehr gut

87 – 74 gut

73 – 60 befriedigend

Bildquellen
Cover Corbis, Berlin: (Hero Images); **8** Thinkstock (Neeila), München; **10** Thinkstock (Wavebreakmedia Ltd), München; **26** Thinkstock (stevanovicigor), München; **28** Fotolia (Anna Velichkovsky), New York; **30** Fotolia (grafikplusfoto), New York; **32** Thinkstock (Ingram Publishing), München; **38** Thinkstock (Monkey Business Images), München

Audios
Tontechnik und Produktion Gunther Pagel, Top 10 Tonstudio, Viernheim
Aufnahmeleitung Stefanie Plisch de Vega